TEESTUNDE!

meine teemischung

TEESTUNDE!

Lieblingstees aus Kräutern,
Früchten & Co. selbst mischen

VORWORT 6

DER NATÜRLICHSTE WEG IN DIE TASSE! 7

Kräuter sammeln 7

Pflanzen erkennen 8

Welcher Pflanzenteil? 8

Sammelort und Sammelzeit 9

Das richtige Trocknen 9

Die Zubereitung 10

Aufbau der Teemischungen 11

WELLNESSTEES 12

Ob Tees im Einklang mit den Jahreszeiten oder Tees, die entspannen, gute Laune machen oder Sie in fünf Kontinente entführen – die in diesem Kapitel vorgestellten Teemischungen sorgen mit einer Vielzahl verschiedenster Pflanzen für Ihr körperliches, geistiges und seelisches Wohlbefinden.

GESUNDHEITSTEES 40

Für fast jedes körperliche Leiden – sei es bei Husten, Magen-Darm-Beschwerden, Blasenentzündungen oder zur Entgiftung und Vitalisierung – gibt es eine heilwirksame Teemischung, die Ihnen auch ohne chemische Arzneimittel schnell wieder auf die Beine hilft. Vertrauen Sie der Kraft von Mutter Natur!

Nachwort 60

Register 63

Über dieses Buch/Impressum 64

Über die Autoren 65

VORWORT

Die Vielfalt der Kräuter aus der Küche von Mutter Natur

Bevor ich Apotheker wurde, waren Kräuter für mich nur eines: Gewürze! Im Essen meiner Mutter schmeckte ich etwa Rosmarin, Thymian, Estragon, Kümmel, und diese hatten für mich rein gar nichts mit dem Begriff »Tee« zu tun. Tees waren für mich Kamille und Pfefferminze, daneben vielleicht noch mein schwarzer Tee, den ich morgens mit einem Schuss Milch genoss. Meine Vorstellung von Tee bestand also aus genau drei Sorten und wollte in meinem Kopf strikt getrennt sein vom Bereich der Kräuter.

Heute lebe ich in einer Welt aus über 500 Kräutern – Wurzeln, Blüten, Rinden und mehr, die die kindlichen Begriffe »Kräuter« und »Tee« zu einem Wort verschmelzen ließen: Kräutertee. Täglich teilen mir auf unserer Internetseite meine-teemischung.de viele Menschen ihre Ideen, Fragen und Erfahrungen zu diesem Thema mit. Aspekte wie die Suche nach besseren Qualitäten (Bio- oder Arzneiqualität) oder nach offener Ware (statt Filterbeuteln) standen schon immer im Mittelpunkt des Interesses passionierter Teetrinker.

Seit einigen Jahren gehen die Wünsche und Fragen, geht der Trend weiter zur Kreation individueller Tees, fein abgestimmt auf die persönlichen Bedürfnisse und geschmacklich abgerundet nach eigenen Vorlieben. Mehr und mehr zeigt sich auch der Drang hin zum eigenständigen und eigenhändigen Sammeln in Wald und Flur. Warum sollte man Minze nicht gleich selbst pflücken und damit genau wissen, wie und wo die Pflanze gewachsen ist?

In diesem Buch möchte ich Ihnen neben vielen Teerezepten auch einen kleinen Überblick verschaffen, was gesammelt werden kann, wie es getrocknet wird und vor allem, wann man vorsichtig sein sollte – manchmal kann eine falsche Einschätzung lebensgefährlich werden. Denn was aus dem Reich der Pilze längst bekannt ist, gilt in gleichem Maße für selbst gesammelte Kräuter: Wohltuend und keinesfalls schädlich sollten sie nämlich immer sein.

Ich wünsche Ihnen viel Spaß bei der Lektüre dieses Buchs und gutes Gelingen beim Sammeln und Zubereiten der Teemischungen!

Ihr
Apotheker Tobias Müller

DER NATÜRLICHSTE WEG IN DIE TASSE!

Kräuter sammeln

Wie Sie im nächsten Kapitel (siehe S. 12ff.) sehen werden, bietet sich bei allen 29 Teerezepten die Möglichkeit, eine oder mehrere Pflanzen selbst zu sammeln und zu trocknen. Zur Orientierung sind die jeweiligen Teekräuter unter der Rubrik »Für Kräutersammler« entsprechend herausgestellt, zudem erleichtert ein Bild der Frischpflanze das Erkennen.

Was man mit eigener Kraft geschaffen – oder gesammelt – hat, schmeckt viel besser; gleichzeitig wächst unsere Achtung vor Lebensmitteln und deren natürlichen Ressourcen. Diese Wertschätzung kommt in unserer modernen Konsumgesellschaft immer öfter zu kurz, und nicht selten landet Essen in der Mülltonne. Die stets gut sortierten Regale im Supermarkt haben zu jener großen Erwartungshaltung geführt, jedes Produkt aus der ganzen Welt müsse jederzeit verfügbar sein. Allzu oft führt dies leider dazu, dass Überschüsse aus den Supermärkten verworfen werden müssen. Wenn Sie sich nun hin und wieder die Arbeit des Sammelns machen, werden Sie sehen, dass selbst gesammelte Kräuter sowie Obst und Gemüse aus regionalem und saisonalem Anbau vollkommen ausreichend sein können.

Dafür wollen wir Ihnen nun einen kurzen Leitfaden an die Hand geben, mit dem Sie unbesorgt Pflanzen sammeln, trocknen und zubereiten können. Denn nur so werden Sie Freude am Selbstsammeln haben und Ihre Mühen letztlich belohnt sehen.

Viele Kräuter, die als Zutaten in den Teemischungen in diesem Buch verwendet werden, können Sie selbst sammeln und trocknen.

Pflanzen erkennen

Bevor Sie sich ans Sammeln von Pflanzen machen, müssen Sie genau wissen, woran Sie die gesuchte Pflanze erkennen. Sicherlich gehören beispielsweise Löwenzahn oder Gänseblümchen zu den Pflanzen, die jeder kennt, doch kann es bei einer Reihe von anderen Gewächsen zu Verwechslungen kommen, die möglicherweise gefährliche Folgen haben. So etwa bei selbst gepflücktem Bärlauch, der nicht selten mit dem giftigen und stark herzwirksamen Maiglöckchen verwechselt wird und gerade bei Kindern dadurch zur tödlichen Gefahr werden kann. Ein weiteres Beispiel für eine nicht ungefährliche Pflanze ist die Wilde Möhre, deren Blüten denen des gefleckten Schierlings ähneln, einem ebenfalls stark giftigen Gewächs.

Wer Kräuter sammelt, sollte sie eindeutig identifizieren können, um Gefahren zu vermeiden.

Welcher Pflanzenteil?

Zudem sollten Sie sich darüber im Klaren sein, welchen Teil der Pflanze Sie verwenden wollen. Denn nicht überall sind die gleichen Wirkstoffe und ist vor allem auch nicht die gleiche Konzentration enthalten. Es gibt Pflanzen, deren Kraut, und wieder andere, deren Wurzeln oder Blüten wirksam und schmackhaft sind. Übrigens steht der botanische Oberbegriff »Kraut« für alle oberirdischen Teile einer Pflanze, also für die Blüten, Blätter und Stängel gleichermaßen. Als Beispiel ließe sich hier das Gänseblümchen anführen, von dem immer nur besagtes Kraut verwendet wird. Im Gegensatz dazu wird vom Löwenzahn meist ausschließlich der Wurzelstock geerntet und nur manchmal zusammen mit dem Kraut verarbeitet. Informieren Sie sich vorab in Fachbüchern, im Internet oder auch in Ihrer Apotheke, welche Pflanzenteile üblicherweise eingesetzt werden.

Wenn Sie eine Pflanze sammeln wollen, die ihre Inhaltsstoffe hauptsächlich in der Wurzel speichert, müssen Sie sich bewusst sein, dass das Ernten und Trocknen aufwendiger sein wird als beispielsweise bei Blättern. Zuerst müssen Sie die Wurzeln ausgraben und werden feststellen, dass diese als feuchter Pflanzenteil viel Geduld erfordern: Die Trocknung sollte nämlich im Ofen stattfinden. Wenn Sie schließlich eine getrocknete Wurzel vor sich liegen haben, werden Sie in einem späteren Abschnitt dieses Buchs erfahren, dass auch die Zubereitung eines Wurzeltees etwas mehr Aufwand mit sich bringt.

Sammelort und Sammelzeit

Erkennen Sie Ihre gewünschte Pflanze schon? Dann gilt es nun, den geeigneten Sammelort und -zeitpunkt zu berücksichtigen. Viele Pflanzen wachsen nur an bestimmten Standorten, abhängig davon, wie ihre Bedürfnisse sind. Brauchen sie viel Licht oder stehen sie lieber schattig und kühl? Bevorzugen sie einen sandigen oder eher lehmigen Untergrund? Benötigen sie viel Feuchtigkeit oder macht ihnen Trockenheit wenig aus? Dies alles bringen Sie am besten im Vorfeld in Erfahrung, um sich unnötige Wege zu ersparen. Vielleicht wollen Sie das Haus auch gar nicht verlassen, dann geht es eher um die Pflege und Anforderungen als Zimmerpflanze. Weitere Faktoren stellen der Untergrund und die Umgebung dar, in der Sie die Pflanze ernten. Der Boden sollte vor allem unbelastet von Schadstoffen sein; suchen Sie deshalb nach Möglichkeit Gegenden aus, in denen Pflanzen fernab von Autoverkehr, Hunderouten, Industrie und Müllhalden gedeihen können. Auch sollten Sie nur im größten Notfall auf stark gedüngte und mit Pestiziden behandelte Äcker zurückgreifen – ideal wäre eine naturbelassene Wiese oder ein Waldstück.

Um einen intensiven und bestmöglichen Geschmack zu erreichen, sollten Sie bei der Ernte zudem die Jahres- und Tageszeit berücksichtigen: Pflanzen enthalten nicht zu jeder Zeit den gleichen Spiegel an Inhaltsstoffen. Beispielsweise kann es wichtig sein, wann die gewünschte Pflanze blüht, weil sie kurz davor oder danach am reichsten an Wirk- und Geschmacksstoffen ist. Als Daumenregel zur richtigen Tageszeit gilt: Am besten in den frühen Morgen- oder Abendstunden ernten, dann ist der Wirkstoffgehalt bei den meisten Pflanzen am höchsten. Vor allem morgens steckt die volle Kraft in der Pflanze, die sie tagsüber wieder verbraucht, weil sie sie zum Wachsen benötigt.

Das richtige Trocknen

Haben Sie Ihre gewünschte Pflanze nun gesammelt, sollten Sie sie möglichst bald trocknen. Dabei kommt es darauf an, die Kräuter langsam und nicht zu heiß zu trocknen, da viele Inhaltsstoffe thermolabil sind, d.h., sie können sich bei zu starker Erhitzung zersetzen und zerstört werden. Im Hochsommer sollten Sie die Pflanzen daher eher im Schatten trocknen. Verteilen Sie sie hierzu auf einem Baumwoll- oder Leinentuch und breiten Sie sie locker aus. In Haufen sollten Sie die Kräuter nicht trocknen, weil die Belüftung dadurch beeinträchtigt wird und es zu Schimmelbefall kommen kann. Wenden Sie die Pflanzen während des Trocknens immer wieder, falls nötig, benutzen Sie ein neues, trockenes Tuch. Vor allem bei Pflanzen mit einem hohen Gehalt an ätherischem Öl sollte schonend getrocknet werden, um ein Abdunsten des flüchtigen Öls zu vermeiden. Ein Trocknen im geschlossenen Gefäß aus Glas oder Kunststoff ist nicht von Vorteil, da sich auch hier die Feuchtigkeit stauen kann; dadurch besteht die Gefahr, dass die Pflanzenteile fleckig werden oder zu schimmeln beginnen. Darüber hinaus ist es wichtig, unterschiedliche Pflanzen auch getrennt voneinander zu trocknen; andernfalls können sich die verschiedenen Geschmacks- und Geruchsnuancen miteinander vermischen. Wurzeln schenken Sie bitte, wie eingangs erwähnt, besondere Aufmerksamkeit. Da sie unter der Erde wachsen und deshalb für die Wasserversorgung des Pflanzenorganismus zuständig sind, enthalten sie besonders viel Wasser. Ein Trocknungsprozess an der Luft ist hier zu riskant: Wollen Sie Schimmel- oder Pilzbefall vermeiden, sollten Sie die Wurzeln in kleine Stücke schneiden, auf einem Backblech ausbreiten und anschließend bei geringer Temperatur – etwa 50 °C – im Ofen trocknen. Ist die Pflanze getrocknet – was Sie durch Verkosten oder Verreiben und Befühlen mit der Hand testen können –, eignet sich ein dicht verschlossenes Gefäß zur Aufbewahrung, in dem sich die Pflanze ein bis zwei Jahre hält. Auch hierbei sollten Sie unterschiedliche Pflanzen wieder getrennt voneinander und vor allem trocken lagern. Eine Ausnahme stellen fertig gemischte Tees dar, deren Geschmackskompositionen bereits fein abgestimmt sind.

Die Zubereitung

Nun ist es an der Zeit, Ihr Werk ausgiebig zu verkosten: Brühen Sie sich einen Tee auf und genießen Sie ihn. Aber auch hier gilt es, einige Regeln zu beachten, um den vollen Geschmack und die beste Wirkung zu erzielen. Ganz zu Anfang muss unterschieden werden, ob es sich um einen Tee aus dem Kraut, den Blüten und den Blättern oder aber um einen Wurzeltee handelt. Ersterer kann in den meisten Fällen wie folgt zubereitet werden: 2 bis 3 Teelöffel mit rund 200 Milliliter kochendem Wasser übergießen, je nach Geschmack und Mischung 3 bis 10 Minuten zugedeckt ziehen lassen und anschließend abseihen. Es gilt ausdrücklich nicht die Devise: je länger, desto besser. Ganz im Gegenteil kann eine zu große Menge Tee auf eine zu geringe Menge Wasser oder auch ein zu langes Ziehenlassen schnell dazu führen, dass Ihr Tee bitter und ungenießbar wird.

Wurzeln wiederum benötigen auch hier eine Sonderbehandlung, da man sie am besten in kaltem Wasser über Nacht ansetzt, um den Sud dann morgens einmal kurz zu erhitzen. Eine zeitsparende Alternative stellen das Übergießen der Wurzeln mit warmem, nicht kochendem Wasser und ein Ziehenlassen über 20 bis 30 Minuten dar. Aber was tun, wenn Ihre Teemischung sowohl Wurzeln als auch Blüten und Kräuter enthält? Dann entscheiden Sie entsprechend der Mengenverhältnisse in der Mischung. Wenn Sie einen geringeren Anteil an Wurzelstücken haben, bereiten Sie den Tee einfach wie eine Mischung aus Kräutern zu. Wenn der Anteil an Wurzelstücken überwiegt, sollten Sie die Variante mit warmem Wasser und 20 Minuten Ansatzzeit bevorzugen.

Immer wieder werden wir zudem gefragt, welches Wasser man zum Aufbrühen eines Tees benutzen sollte. Im Idealfall sollte es weiches Wasser sein; die Wasserhärte in Ihrer Region erfahren Sie im Internet oder bei den zuständigen Wasserwerken. Sollten Sie in Ihrer Region härteres, also kalkhaltigeres Wasser vorfinden, bietet sich ein Wasserfilter oder ein Abkochen über mindestens 3 Minuten an. Zwei Probleme ergeben sich nämlich bei Verwendung harten Wassers: einerseits die Gefahr einer Geschmacksveränderung durch die enthaltenen Salze, andererseits eine Bindung bestimmter Wirkstoffe an den »Kalk«, wodurch ihre Verfügbarkeit für den Körper deutlich eingeschränkt sein kann. Was schließlich das richtige Süßungsmittel betrifft, ist fast alles erlaubt: Steviablätter, eine Art pflanzlicher Süßstoff, oder ein Schuss Honig, brauner oder weißer Zucker, auch Saft mit Ausnahme von Grapefruitsaft kann zum Süßen verwendet werden und mindert die Wirkung des Tees nicht. Und womit umgibt sich feiner Tee beim Aufbrühen am liebsten? Mit einem Teefilter, fixiert von einem Edelstahl-Teefilterhalter, wie Sie ihn beiliegend zu diesem Buch finden.

Aufbau der Teemischungen

Jede der Teemischungen in diesem Buch folgt in ihrer Zusammensetzung einer gewissen Struktur. So kann garantiert werden, dass der Tee auf der einen Seite schmecken und Ihren Körper auf der anderen Seite positiv beeinflussen kann. Denn »Das Auge isst mit!« gilt letztlich auch für Tee – Ihre Teemischung sollte demnach nicht zuletzt ansprechend aussehen, ein fahles Grau-Grün macht wenig Lust auf den anschließenden Genuss. Aus diesem Grund bedarf es einer Zusammenstellung aus wirksamen und geschmacklich ansprechenden sowie schmückenden Bestandteilen, den sogenannten Schmuckdrogen. Letztere zielen allein aufs Auge des Teetrinkers ab, sie sind bunt und färben den Tee tief ein. Beispiele dafür sind Malven- oder Katzenpfötchenblüten, die das Wasser tiefblau bzw. hellgelb färben. Allerdings sollte man darauf achten, dass solche optisch aufwertenden Zutaten weder den Geschmack des Tees noch seine Wirkung negativ beeinflussen.

Beim Trocknen der Pflanzen kommt es darauf an, ihre heilsamen Inhaltsstoffe zu bewahren.

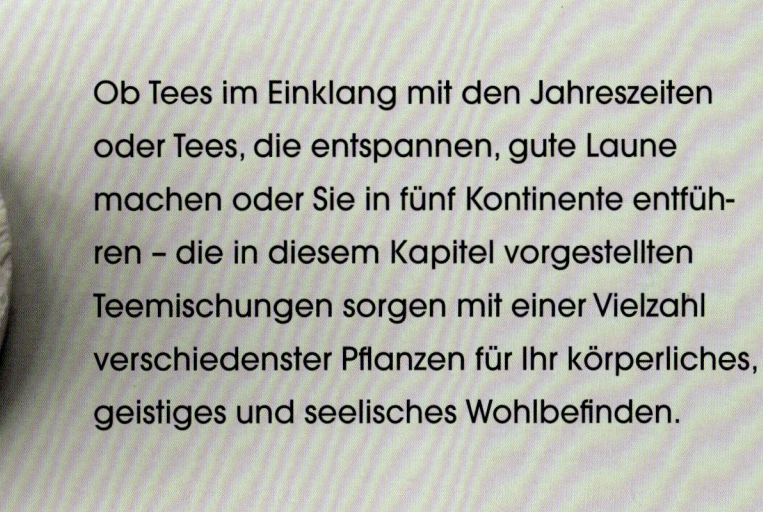

WELLNESSTEES

Ob Tees im Einklang mit den Jahreszeiten oder Tees, die entspannen, gute Laune machen oder Sie in fünf Kontinente entführen – die in diesem Kapitel vorgestellten Teemischungen sorgen mit einer Vielzahl verschiedenster Pflanzen für Ihr körperliches, geistiges und seelisches Wohlbefinden.

ENTSPANNUNGSTEE

Entspannen, loslassen und herunterkommen sind Begriffe, die im Laufe der letzten Jahre eine ungeahnte Bedeutung erlangt haben, auf die sich sogenannte Wellnessoasen sowie Meditations- und Yogakurse eingeschossen haben und denen heute insgesamt eine größere Aufmerksamkeit zukommt als früher. Unser Entspannungstee bedient sich dabei eines probaten Mittels: Wie es oft in der Naturheilkunde geschieht, ergänzen sich hier vier schwache zu einem stärkeren Mittel, dem Namen nach Lavendel, Melisse, Hopfen und Grüner Hafer. Hopfen kann in höherer Konzentration auch schlaffördernd wirken. Trinken Sie eine Tasse, schließen Sie die Augen und atmen Sie ein paar Minuten tief ein und aus. Sie werden sehen, wie gut es Ihnen tut.

Zutaten 30 g Lavendelblüten | 30 g Melissenblätter | 15 g Hopfenzapfen | 30 g Grüner Hafer | 65 g Griechischer Bergtee

Zubereitung Pro Tasse 4 Teelöffel der Mischung mit kochendem Wasser aufgießen, 10 Minuten ziehen lassen, abseihen. Falls Sie den Tee am Abend trinken, bitte nicht in größeren Mengen – sonst müssen Sie nachts auf die Toilette, und der entspannende Schlaf ist wieder dahin.

Wussten Sie schon?

Hopfen wurde dem Bier früher nicht nur wegen seines würzigen Geschmacks, sondern vor allem wegen seines schäumenden und konservierenden Effekts zugesetzt. Verwendet werden nur die Blüten der weiblichen Pflanzen.

Für Kräutersammler Wer nach Griechenland fahren möchte, kann auf den kargen, steinigen Hängen des Taygetos-Gebirges den Griechischen Bergtee ernten. Leichter dürfte dies beim Grünen Hafer fallen, der gut erkannt werden kann (siehe Foto S. 32). In manchen Gegenden Deutschlands wird zudem viel Hopfen angebaut und kann so frisch geerntet werden. Lavendel (links) und Melisse sollten in keinem Kräutergarten fehlen, und auch auf dem Markt findet sich sicher ein duftendes Büschel dieser Pflanzen.

FRISCHER FRÜCHTETEE

Eine herb-blumige Mischung für jeden Tag. Die gesunde Teevariation schmeckt nicht nur Erwachsenen, sondern eignet sich auch hervorragend für Kinder. Dieser Tee kann im Sommer auch gut gekühlt als Eistee genossen werden.

Zutaten 20 g Granatapfelschalen | 80 g Hagebuttenfrüchte | 20 g Holunderbeeren | 40 g Heidelbeeren | 30 g Berberitzenbeeren

Zubereitung 2 bis 3 Teelöffel der Fruchtmischung mit etwa 200 Milliliter kochendem Wasser übergießen und 3 bis 5 Minuten zugedeckt ziehen lassen. Anschließend abseihen. Da diese Mischung viele Teebestandteile mit ätherischen Ölen enthält, ist es wichtig, den Tee während des Ziehens zuzudecken, um so sein Aroma bestmöglich zu erhalten.

Wussten Sie schon?

Heidelbeeren färben den Mund und die Zähne beim Kauen blau. Was auch ein bekannter Effekt des Rotweins ist, liegt an den enthaltenen Anthocyanen, ausgesprochen gesunden Farbstoffen, die in vielen roten und blauen Beerenarten vorkommen.

Für Kräutersammler Die Früchte der Hagebutte (links) werden im Herbst reif und entwickeln dann eine leuchtend rote oder orangerote Farbe. Sie wachsen an Wiesen und Feldwegen und können aufgrund ihrer Farbe im reifen Zustand leicht erkannt und gefahrlos gesammelt werden. Nach dem Ernten werden die Früchte langsam getrocknet. Die Hagebutte ist ein wahrer Tausendsassa: Sie kann sowohl zum Würzen von Wildgerichten als auch zur Herstellung von Konfitüren, Likören oder natürlich Tee verwendet werden.

BUNTER BLÜTENTEE

Bunt und farbenprächtig und diesbezüglich schon ein echter Augenschmaus ist dieser Gute-Laune-Tee. Schnuppern Sie einmal hinein, bevor Sie ihn aufbrühen, und schließen Sie die Augen: Der Duft einer gemähten Heuwiese wird Ihnen in den Sinn kommen. Die verwendeten Pflanzen blühen zu den unterschiedlichsten Zeiten das ganze Jahr über, und so haben Sie es nicht schwer, immer den einen oder anderen Bestandteil frisch sammeln zu können.

Zutaten 20 g Katzenpfötchen | 20 g Kornblumenblüten | 20 g Ringelblumenblüten | 40 g Pfingstrosenblüten | 100 g Holunderblüten

Zubereitung 2 bis 3 Teelöffel der Mischung mit 200 Milliliter kochendem Wasser übergießen und 5 bis 7 Minuten ziehen lassen, anschließend abseihen. Lassen Sie den Tee nicht länger als 7 Minuten ziehen, ansonsten besteht die Gefahr, dass die Ringelblume einen bitteren Geschmack entwickelt.

Wussten Sie schon?

In früherer Zeit verwendete man die Pfingstrose noch zu anderen Zwecken: Ihre Samen wurden wie bei einer Kette auf eine Schnur gezogen und zahnenden Kindern zum Beißen gegeben. Sie trugen deshalb auch den Namen »Apollonia-Körner«, benannt nach der Schutzpatronin der Zahnleidenden, der heiligen Apollonia.

Für Kräutersammler Bei Holunderblüten (links) schneidet man die Dolden im Ganzen vom Baum. Am besten legt man sie zum Trocknen auf eine saubere Unterlage in einen Behälter und stellt sie an einen luftigen, aber schattigen Ort. Einmal getrocknet, rebelt man sie von den Doldenstängeln ab und bewahrt sie trocken und lichtgeschützt auf. Der Sammelzeitpunkt für die verschiedenen Teile des Holunders ist unterschiedlich: Die Blüten werden von Mai bis Juli gesammelt, die Beeren von August bis Oktober, die Blätter im Mai und Juni und die Rinde im Frühjahr von Februar bis März.

FÜNFERLEI MINZMILCH

Eine kleine und sehr geschätzte Rarität auf unserer Teemischseite meine-teemischung.de sind die verschiedenen Minzsorten, die zwar alle charakteristisch, aber doch unterschiedlich intensiv und würzig schmecken. Pfefferminze kennt jeder, aber haben Sie schon einmal von Polei- oder Katzenminze gehört? Noch exotischer wird das Ganze als Ansatz unterschiedlicher Minzarten in Milch. Das schmeckt wie flüssiges »After Eight«, nur noch frischer und hat zudem deutlich weniger Kalorien. Wird Sojamilch verwendet, eignet sich das Rezept auch für Veganer.

Zutaten 50 g Pfefferminze | 50 g Krauseminze | 50 g Katzenminze | 50 g Poleiminze | 50 g Wasserminze

Zubereitung 2 Esslöffel der Minzmischung in einem Teefilter mit 300 bis 400 Milliliter heißer Milch übergießen und 5 Minuten ziehen lassen. Anschließend den Teefilter entfernen.

Wussten Sie schon?

Die Heiler der Kelten zählten die Wasserminze früher ebenso wie das echte Mädesüßkraut sowie das Eisenkraut zu ihren heiligen Kräutern. Sie wurde auch von Ärzten des späten Mittelalters und der frühen Neuzeit erfolgreich gegen Seitenstechen eingesetzt. Die damaligen Mediziner gingen davon aus, dass Seitenstechen ein Zeichen für eine rasch zunehmende Blutarmut von Milz und Leber sei.

Für Kräutersammler Wasserminze (rechts) wächst an Zuläufen fließender Gewässer, wird aber oft für Unkraut gehalten. Sie liebt vor allem die Böschungen sanft mäandernder Bäche. Kurz vor oder während der Blüte werden die Stängel mit den Blättern bei sonnigem Wetter geerntet. Bitte zügig, aber nicht zu warm trocknen und die getrockneten Wasserminzblätter danach erst von den Stängeln abstreifen. Wasserminze eignet sich auch hervorragend zur Bepflanzung Ihres Gartenteichs, da sie nicht nur am, sondern gern auch unter Wasser steht.

FRÜHLINGSTEE

Wenn es an einem Morgen im März beim Öffnen des Fensters erstmals nach Frühling duftet, ist es Zeit, sich eine erste Tasse Frühlingstee zu gönnen. Mateblätter vertreiben die Frühjahrsmüdigkeit, Ginseng und Damiana sind traditionelle Kräftigungsmittel für Körper und Geist, der säuerliche Hibiskus wirkt aufgrund seines natürlichen Vitamin C erfrischend und stärkt die Abwehrkräfte. Sauerampfer schließlich rundet das Ganze ab und verleiht diesem Frühjahrstee eine säuerlich-aromatische Note.

Zutaten 50 g Mateblätter | 20 g Ginsengwurzel | 40 g Damianablätter | 30 g Hibiskus-blüten | 30 g Sauerampfer

Zubereitung 2 bis 3 Teelöffel der Mischung mit etwa 200 Milliliter kochendem Wasser übergießen und 5 bis 10 Minuten ziehen lassen. Vermeiden Sie es, den Tee zu lange ziehen zu lassen, da die Mateblätter sonst überextrahiert werden und so einen bitteren Geschmack entwickeln. Nach einem langen, kalten und dunklen Winter können Sie 2 bis 3 Tassen oder bis zu einer Kanne täglich trinken, aber Vorsicht: bitte nicht zu spät abends, denn durch die anregende Wirkung des Tees könnte es zu Schlafproblemen kommen.

Wussten Sie schon?

Damiana gilt als Aphrodisiakum. Schon die Maya wussten diese Wirkung zu schätzen und setzten Damiana erfolgreich als Stärkungsmittel ein. Der Name leitet sich vom Schutzpatron der Apotheker ab, dem heiligen Damian.

Für Kräutersammler Nicht nur wegen seines Aussehens, auch wegen des säuerlich-bitteren Geschmacks des Sauerampfers (rechts) empfiehlt es sich, nur Blätter ohne Löcher oder rostbraune Verfärbungen zu sammeln. Sauerampfer findet sich vor allem auf feuchten Wiesen und an schattigen Waldrändern. Wenn Ihnen der bittere Geschmack der älteren Blätter zu aufdringlich sein sollte, ernten Sie einfach die zarten Blätter im Frühjahr.

SOMMERTEE

»Die Jahresuhr steht niemals still« heißt es in einem Kinderlied, und so passen sich auch die Tees den deutlich an Wärme zunehmenden Sonnenstrahlen an. Je näher der Sommer rückt, desto mehr sehnt man sich nach saftigen, am besten frisch gepflückten Früchten. Und wenn er dann da ist, der Sommer, möchte man Tees nicht mehr nur heiß, sondern auch einmal gut gekühlt trinken. Orangenblüten und -schalen vermitteln toskanisches Flair schon vor dem Sommerurlaub, Apfelstücke greifen dem hiesigen Spätsommer vor, und Ingwer sorgt als »Pfeffer des Tees« für Schärfe.

Zutaten 40 g Orangenblüten | 40 g Orangenschalen | 60 g Apfelstücke | 60 g Sauerdornbeeren | 10 g Ingwerwurzel

Zubereitung 2 bis 3 Teelöffel der Mischung mit etwa 200 Milliliter heißem Wasser übergießen und 5 bis 10 Minuten ziehen lassen. Anschließend abseihen und entweder gleich warm genießen oder zum Abkühlen in den Kühlschrank stellen.

Wussten Sie schon?

Sauerdornbeeren – auch Berberitzenbeeren genannt – sind sehr vitaminreich und können vielseitig genutzt werden: getrocknet im Müsli, zu Konfitüre verarbeitet, zum Kochen (»Berberitzenreis«) oder auch zum Würzen von Fisch.

Für Kräutersammler Sauerdornsträucher (links) wachsen hauptsächlich an Waldrändern, in lichten Gebüschen oder auf Auen. Die Früchte sind länglich und tiefrot. Sie werden etwa 1 Zentimeter lang und können von August bis Dezember geerntet werden. Ich persönlich esse auch die leuchtend gelben, traubenförmig zusammenstehenden Blüten gern. Sie schmecken zunächst recht säuerlich, aber dank des üppigen Nektars gleich darauf sehr süß. Allerdings empfehle ich Ihnen, von den Blüten nicht allzu viel zu essen, denn das enthaltene Berberin kann reizend wirken. In den Beeren ist es allerdings gar nicht oder kaum enthalten.

HERBSTTEE

Rotes, gelbes und orangefarbenes Laub raschelt unter Ihren Schritten, die wärmende Sonne steht tief, und nach Pilzen und Unterholz duftende Nebelschwaden machen den Waldspaziergang zu einem besonderen Erlebnis. Meine Lieblingsjahreszeit hält auch immer jede Menge reife Kräuter und Früchte bereit. Unser Herbsttee wählt die schmackhaftesten Highlights aus, um zu einer ebenso köstlichen wie bekömmlichen Mischung zu werden.

Zutaten 60 g Lapachorinde | 40 g Latschenkiefernsprossen | 40 g Königskerzenblüten | 20 g Stiefmütterchen | 20 g Sanddornbeeren

Zubereitung 2 bis 3 Teelöffel der Mischung mit rund 200 Milliliter kochendem Wasser übergießen und etwa 5 Minuten zugedeckt ziehen lassen. Abseihen. Der Tee eignet sich auch zur Inhalation.

Wussten Sie schon?

Die fünf Blütenblätter des Stiefmütterchens liegen auf fünf Kelchblättern auf, jedoch nicht in gleichmäßiger Verteilung. Das unterste und zugleich größte Blütenblatt ist am stärksten gefärbt und auf zwei Kelchblättern platziert. Das ist die »Stiefmutter«, die zwei »Stühle« für sich in Anspruch nimmt. Ihre leiblichen Töchter sitzen links und rechts von ihr, ebenfalls in schönem »Gewand«, auf jeweils einem Kelchblatt. Schließlich bleibt nur noch ein Stuhl übrig für die beiden am einfachsten gekleideten Stieftöchter, die sich einen Stuhl teilen müssen.

Für Kräutersammler Sanddornsträucher (links) finden Sie an Flüssen und auf Wiesen. Die orangefarbenen Früchte mit kleinen dunklen Punkten sind leicht an ihrem sauren Geschmack und ihrer Farbe zu erkennen. Beim Ernten der reifen Früchte sollten Sie sie nicht zu sehr quetschen, da die empfindliche Schale schnell aufreißt. Am besten ziehen Sie einen Ast mit einem Band zu sich heran und schneiden die Beeren mit einer kleinen Schere ab. Da die Äste recht stachlig sind, sollten Sie Handschuhe und langärmlige Kleidung tragen. Trocknen Sie die Beeren anschließend langsam.

WINTERTEE

Dieser Wintertee ist ein klassischer Advents- und Weihnachtstee. Vielleicht haben Sie auch dieses Jahr wieder gute Vorsätze gefasst: weniger Geschenke, weniger Stress, die Vorweihnachtszeit einfach einmal genießen. Und womit ginge das besser als mit einem Tässchen dieses Wintertees?

Zutaten 10 g Zimtrinde | 60 g Apfelstücke | 60 g Orangenschalen | 10 g Nelken | 30 g Schlehen

Zubereitung 2 bis 3 Teelöffel der Mischung mit etwa 200 Milliliter heißem Wasser übergießen und 3 bis 5 Minuten zugedeckt ziehen lassen. Abseihen. Der Tee darf nicht zu lange ziehen, da die Nelken sonst einen etwas aufdringlichen Geschmack und Geruch entwickeln. Als Variation bietet sich diese Mischung vorweihnachtlich zur Herstellung eines Glühweins oder Punschs an. Einfach mit Rotwein oder – alkoholfrei – mit Orangen- bzw. Apfelsaft aufgießen und kurz aufkochen lassen.

Wussten Sie schon?

Mit einer einfachen Probe können Sie schnell gute von schlechten Nelken unterscheiden: Dafür eine duftende Nelke in ein mit Wasser gefülltes Glas werfen. Enthält die Nelke viel Öl, wird sie im Wasser versinken oder sich schwimmend mit dem Kopf nach oben aufstellen. Enthält sie dagegen weniger ätherisches Öl – ist also von schlechterer Qualität –, wird sie flächig auf der Wasseroberfläche treiben. Am meisten ätherisches Öl enthalten die Nelken, wenn sie vor dem Blühen von Hand geerntet werden.

Für Kräutersammler Es gestaltet sich schwierig, im tiefsten Winter frische Kräuter und Blüten zu sammeln. Bei Früchten dagegen stellt sich das Ganze schon leichter dar, denn Sanddornbeeren, Äpfel, Apfelbeeren oder Schlehen (rechts), die Früchte des weit verbreiteten Schlehdornstrauchs, hängen oft noch an ihren Ästen. Für die Schlehen ist es sogar von Vorteil, wenn sie in der kalten Jahreszeit eine Frostnacht hinter sich haben. Denn Frost lässt sie weniger herb und deutlich süßer werden, auch wenn sie durch den eintretenden Wasserverlust etwas einschrumpeln.

MÄNNERTEE

Männer wollen ja bekanntlich stark sein, und Tee passt eigentlich gar nicht zum Image des starken Mannes. Wasser und Tee überlässt man immer noch lieber der Frauenwelt. Deshalb müssen es schon kräftige Kräuter mit jeder Menge Würze, einem Schuss Schärfe und der nötigen Portion »Pepp« sein, damit Man(n) sich überzeugen lässt. Hier ein Vorschlag, der überzeugt!

Zutaten 30 g Ingwerwurzel, frisch oder getrocknet I 50 g Mannstreukraut I 50 g Grüner Tee Green Pekoe I 10 g Muira Puama I 50 g Holunderbeeren

Zubereitung Pro Tasse 2 bis 3 Teelöffel oder pro Kanne 3 bis 4 Esslöffel der Mischung aufgießen. Diesen Tee sollten Sie aufgrund des enthaltenen Muira-Puama-Holzes etwas länger ziehen lassen; bis das Wasser das harte Holz etwas aufweicht und die Wirkstoffe herauslösen kann, dauert es ein wenig. 10 Minuten wären notwendig, 15 Minuten besser. Für weniger harte Männer: Der Tee kann gern mit Honig gesüßt werden.

Wussten Sie schon?

Ist Ihnen bekannt, woher der Name »Mannstreukraut« kommt? Versucht man, die Pflanze zu pflücken, so fallen sehr schnell die Blüten ab – was im Volksglauben mit der Treue der Männer verbunden wird, die angeblich ebenso schnell abfällt.

Für Kräutersammler Holunderbeeren (links) wachsen an vielen Orten, manchmal sogar mitten in der Stadt, und lassen sich eindeutig erkennen. Auch zum Trocknen eignen sie sich gut, da sie klein sind und deshalb schneller ihre Flüssigkeit verlieren. So lässt sich Schimmel leichter vermeiden. Achten Sie dennoch darauf, die Beeren während des Trocknens immer wieder zu wenden.

FRAUENTEE

Den Männertee (siehe S. 26) empfinden wir als sehr erdig, würzig und scharf. Frauen mögen es meist sanfter, weshalb es für einen Frauentee feine Kräuter und duftige bunte Blütenblätter, dafür aber weniger Holz und Rinde sein sollten. Das sensible Geschlecht lässt sich leichter von filigranen Teesorten begeistern! Die hier vorgestellte Variante ist übrigens der am häufigsten getrunkene Frauentee auf meine-teemischung.de. Die enthaltene Yamswurzel mit ihrem natürlichen Progesteron soll Erleichterung bei Wechseljahresbeschwerden schaffen.

Zutaten 20 g Rosenblüten | 30 g Yamswurzel | 20 g Frauenmantel | 30 g Rotklee | 50 g Melisse

Zubereitung Pro Tasse 1 Esslöffel oder pro Kanne 4 Esslöffel der Mischung mit heißem Wasser übergießen und je nach Geschmack und Aroma der Rosenblüten 5 bis 10 Minuten ziehen lassen. Anschließend abseihen.

Wussten Sie schon?

Die Pflanzengattung Yams umfasst 350 bis 800 Arten. Yamswurzeln eignen sich auch als Nahrungsmittel: Roh gegessen können sie zwar zu Reizungen führen, doch gekocht sind sie bekömmlich und ähneln im Geschmack einer Mischung aus Süßkartoffeln und Esskastanien. Nebenbei sind sie noch sehr gesund.

Für Kräutersammler Frauenmantel (rechts) – der übrigens so heißt, weil die Blätter den Stängel wie einen Mantel umkleiden – liebt feuchte Wiesen, wächst aber fast überall. Schneiden Sie einfach den oberirdischen Teil der Pflanze ab und sammeln Sie ihn ab Mai, wenn er die meisten Inhaltsstoffe enthält. Beim Trocknen gilt: je schonender, desto besser. Erkennen lässt sich dies daran, dass die Blätter ihren Farbton während des Trocknens nicht verändern. Als zweiten Bestandteil des Tees könnten Sie statt gekaufter auch eigene Rosenblätter Ihrer Rosenstöcke im Garten verwenden, frisch oder getrocknet; beides ist möglich und schmackhaft.

FAMILIENTEE

Sind Sie nicht auch immer auf der Suche nach einer Möglichkeit, Ihre Familie häufiger gemeinsam an einen Tisch zu bekommen? Ein weiterer Grund könnte zukünftig dieser schmackhafte Tee sein. Genießen Sie ihn frisch aufgebrüht und warm an kalten Wintertagen oder auch gut gekühlt mit Eiswürfeln in der Sommerhitze. Das Problem bei Familientees ist immer, dass die Geschmäcker vor allem bei der Süße weit auseinander gehen. Deshalb können Sie den Tee beliebig mit Honig oder Stevia süßen.

Zutaten 50 g Himbeerblätter | 50 g Hibiskusblüten | 30 g Rosenblätter | 40 g Brombeerblätter | 50 g Granatapfelschalen

Zubereitung 4 gehäufte Esslöffel der Mischung mit 750 bis 1000 Milliliter kochendem Wasser übergießen und 5 bis 8 Minuten ziehen lassen. Abseihen. Dieser fruchtige Tee lässt sich im Sommer auch mit einem Schuss Prosecco zu einem aromatisch-frischen Sommercocktail umfunktionieren.

Wussten Sie schon?

Himbeerblätter können bei der Geburtseinleitung helfen, indem sie den Muttermund weicher werden lassen und somit die Entbindung erleichtern. Sie eignen sich daher besonders gut als Geburtsvorbereitungstee in den Wochen vor der Niederkunft.

Für Kräutersammler Auf Plantagen können Himbeerblätter (links) von Juni bis September und Brombeerblätter von Mai bis August gesammelt werden. Vermeiden Sie es aber, die Sträucher komplett zu entlauben, da die Blätter für die Pflanze eine Schutzfunktion haben. Um den richtigen Standort zu finden, müssen Sie wissen, dass Himbeer- und Brombeersträucher Halbschatten und eine hohe Luftfeuchtigkeit bevorzugen. Sie sind daher als Wildwuchs hauptsächlich an Waldrändern und Waldlichtungen vorzufinden. Wenn sie Früchte tragen, sind sie leichter zu erkennen, fruchtlos fällt die Unterscheidung etwas schwerer. Ein gutes Kriterium sind aber Stacheln, von denen die Himbeere eher weiche und kurze, die Brombeere dagegen kräftige besitzt.

GUTEN-MORGEN-TEE

»Wie viel Schlaf ist denn nun gesund?« werden wir häufig in unserer Apotheke gefragt. Ich empfehle dann immer, mindestens sechs und höchstens neun Stunden zu schlafen. Sowohl ein Zuwenig als auch ein Zuviel an Schlaf lassen uns müde und erschöpft in den Tag starten. Je nach persönlicher Befindlichkeit dürfen Sie deshalb mehr oder weniger unseres Guten-Morgen-Tees trinken. Catuabarinde und Mateblätter machen Sie fit für den Tag, Kamille lässt ihn sanft beginnen, und Gojibeeren sind ein noch wenig bekanntes, aber fruchtiges und gesundes Süßungsmittel.

Zutaten 40 g Kamillenblüten | 30 g Mateblätter | 40 g Gojibeeren | 10 g Catuabarinde | 20 g Kornblumenblüten

Zubereitung 2 bis 3 Teelöffel der Mischung mit 200 Milliliter kochendem Wasser übergießen und 3 bis 5 Minuten ziehen lassen. Abseihen. Auch hier gilt wieder: Lassen Sie den Tee nicht allzu lange ziehen, um einen bitteren Geschmack durch die überextrahierten Mateblätter zu vermeiden.

Wussten Sie schon?

Vor dem Zweiten Weltkrieg wurde die Kornblume in Österreich zum Zeichen der deutschen Treue getragen. Sie war die Parteiblume der antisemitischen und großdeutschen Schönerer-Bewegung. Genau aus diesem Grund war das Tragen auch über einen gewissen Zeitraum von den österreichischen Behörden verboten und wurde strikt bestraft.

Für Kräutersammler Die Kornblume (rechts) lässt sich heute leider nur noch schwer in der freien Natur, beispielsweise auf Wiesen, sammeln. Die Landwirte bekämpfen sie als Unkraut, und dementsprechend wird ihr mit Pestiziden stark zugesetzt. Daher sollten Sie sie am besten im Garten oder auf dem Balkon anpflanzen. Die Blüten werden gesammelt, wenn sie sich geöffnet haben, was zwischen Juni und Oktober der Fall ist.

GUTEN-ABEND-TEE

Dank Melisse, Lavendel, Passionsblume, Grünem Hafer und Fischrinde wirkt dieser Tee wunderbar entspannend und eignet sich als Feierabendgetränk nach einem turbulenten Tag. Die Fischrinde wurde schon bei den Eingeborenen Südamerikas als beruhigendes Mittel beim Fischfang geschätzt, daher auch ihr Name. Einen fischigen Geschmack des Tees müssen Sie deshalb ausdrücklich nicht befürchten. Da unser Guten-Abend-Tee nicht nur entspannt, sondern auch leicht müde macht, bietet er sich zudem als sanfter Schlaftee an.

Zutaten 30 g Lavendelblüten I 30 g Melissenblätter I 15 g Fischrinde I 30 g Grüner Hafer I 30 g Passionsblume

Zubereitung 2 bis 3 Teelöffel der Mischung mit 200 Milliliter kochendem Wasser übergießen und zugedeckt 5 bis 10 Minuten ziehen lassen. Anschließend abseihen.

Wussten Sie schon?

Zitronenmelisse (= Melisse) wuchs ursprünglich eher in südlichen Ländern. Man erkannte jedoch schon früh ihre unzähligen Heilwirkungen und baute sie auch in unseren Breiten verstärkt an. Ihre heilenden Eigenschaften waren sehr geschätzt und wurden als derart wichtig eingestuft, dass Melisse in jedem Heilkräutergarten angebaut werden musste. Durch Hildegard von Bingen erlangte sie Berühmtheit unter anderem zur Vitalisierung des Herz-Kreislauf-Systems. Eine angenehme Nebenwirkung hierbei waren schöne Träume, weshalb Zitronenmelisse bis heute auch in Schlaf- und Entspannungstees zu finden ist.

Für Kräutersammler Grüner (unreifer) Hafer (links) steht zwischen Mai und September auf unseren Feldern. Grün geerntet lässt er sich gut trocknen, verarbeiten und lagern. Da er oft mit Pestiziden behandelt wird, sollten Sie ihn vorher aber gründlich waschen.

GUTE-LAUNE-TEE

Alkohol? Sport? Gute Laune muss auch anders erreicht werden können, dachten wir uns. Natürlich gibt es genügend synthetische Stoffe, die die Produktion des Glückshormons Serotonin ankurbeln. Doch viele dieser Mittel machen auf Dauer abhängig und haben zum Teil etliche Nebenwirkungen. Haben Sie schon erlebt, dass Ihnen kulinarische Genüsse ein glückliches Lächeln auf die Lippen zaubern? Dann wissen Sie, über welchen nebenwirkungsfreien Weg wir es hier versuchen möchten.

Zutaten 60 g Apfelstücke | 60 g Gojibeeren | 40 g Zitronenverbene | 5 g Steviablätter | 20 g Kakaobohnenschalen

Zubereitung 2 bis 3 Teelöffel der Mischung mit 200 Milliliter heißem Wasser übergießen und 10 Minuten ziehen lassen. Abseihen. Hier benötigen Sie zum Süßen keinerlei Zucker: Lassen Sie sich von der intensiven, natürlichen Süße der beigemengten Steviablätter überraschen.

Wussten Sie schon?

Die Blätter der Zitronenverbene können wie Spinat gekocht und zubereitet werden. Wesentlich häufiger werden sie allerdings – neben der Verwendung im Tee – als Würzmittel für süße oder herzhafte Salate verwendet.

Für Kräutersammler Zitronenverbene (links) ist nicht winterfest und muss deshalb als Kübel- oder Topfpflanze gehalten werden. Wenn sie vor Frost bewahrt wird, gilt sie als anspruchslos, gedeiht aber am besten sonnig oder halbschattig. Zum Überwintern können Sie den Topf in einen frostfreien Schuppen, Ihre Garage oder in Ihren Wintergarten stellen. Im Winter benötigt die Zitronenverbene nur wenig Wasserzufuhr, im Mai treibt sie dann wieder neu aus. Ab diesem Zeitpunkt bis in den Herbst hinein können die Blätter geerntet werden. Zitronenverbene kann diesem Tee frisch oder getrocknet zugesetzt werden.

CHAI-TEE

Chai-Tee, ursprünglich eine indische Spezialität, wird mittlerweile in vielerlei Zubereitungen angeboten: als Filterbeutel, Instanttee und offene Ware. Dabei ist zu beachten, dass Instanttee meist am wenigsten Inhaltsstoffe, dafür häufig aber viel Zucker und künstliche Aromen enthält. Der Filterbeutel stellt einen Kompromiss zwischen Instanttee und offener Ware dar: Für die Anwendung brauchen Sie keinen zusätzlichen Filter und kein Sieb, was die Zubereitung im Vergleich mit loser Ware etwas erleichtert. Dafür sehen Sie aber auch nicht, welche Qualität sich im Filterbeutel versteckt. Deshalb ist Tee in offener Form immer am empfehlenswertesten. Unter »Chai« versteht man in Indien den sogenannten Masala Chai Tea, der aus Schwarztee, Milch, Zucker und einer charakteristischen Gewürzmischung hergestellt wird. Eine besonders schmackhafte Variante finden Sie hier.

Zutaten 60 g Fenchel | 20 g Anis | 20 g Zimtrinde | 10 g Kardamomfrüchte | 50 g Schwarzer Tee Darjeeling

Zubereitung Diese Teemischung können Sie mit Wasser oder Milch zubereiten. Nehmen Sie hierfür 2 bis 3 Teelöffel pulverisierte oder geschnittene Kräuter und übergießen Sie diese mit etwa 200 Milliliter heißem Wasser bzw. heißer Milch. Den Ansatz 5 bis 10 Minuten zugedeckt ziehen lassen und anschließend abseihen.

Wussten Sie schon?

Anis als Süßgebäck? In Form sogenannter Aniskringel wurde dieses süße Backwerk früher bei Festlichkeiten ins Bier getunkt. Auf Hochzeitsgesellschaften war dies ein dankender Brauch für erbrachte Geschenke und bei jedermann begehrt. Auch zu Erntedank und bei anderen Festen erfreuten sich die »Kringel« großer Beliebtheit.

Für Kräutersammler Fenchel (rechts) lässt sich gut selbst anbauen und ernten, wilder Fenchel oder Wiesenkerbel eignet sich als sammelbare Variante. Bei Letzteren ist die gesamte Pflanze – also Blüten, Blätter und Samen – bekömmlich und wohlschmeckend.

5-KONTINENTE-TEE

Wir lesen und hören, ja wir fühlen Tag für Tag, dass unsere Welt immer globaler wird. Das ermöglicht es uns heute, Teekräuter aus der ganzen Welt zu beziehen. Die Kehrseite der Medaille sind jedoch Qualitätsstandards, die leider teils weit unter unseren in Deutschland liegen. Wiederkehrende Berichte über belastete chinesische, indische und afrikanische Teekräuter zeigen, dass es nicht immer einfach ist, jede Teesorte in einwandfreier Qualität zu erhalten. Aus diesem Grund haben wir uns bei meine-teemischung.de gegen bestimmte Kräuter entschieden – wir waren nicht immer mit den zugehörigen Laboranalysen zufrieden. Der Verzicht fällt uns aber nicht schwer, da für fast jeden ausländischen Heiltee eine qualitätvolle europäische Alternative zu einem meist deutlich günstigeren Preis erhältlich ist.

Zutaten 70 g Rotbusch aus Afrika | 50 g Mateblätter aus Amerika | 30 g Eukalyptusblätter aus Australien | 50 g Melissenblätter aus Europa | 20 g Ingwerwurzel aus Asien

Zubereitung 2 bis 3 Teelöffel der Mischung mit 200 Milliliter heißem Wasser übergießen und zugedeckt 10 Minuten ziehen lassen. Abseihen. Sollte Ihnen der Geschmack des Ingwers zu scharf oder der Eukalyptus zu aufdringlich sein, lassen Sie den Tee bitte nur 5 statt 10 Minuten ziehen.

Wussten Sie schon?

Von Zeit zu Zeit wirft der Eukalyptusbaum große Äste ab, die dann am Boden liegen bleiben und ein »gefundenes Fressen« für Waldbrände sind. Und der Baum braucht das Feuer! Einerseits zur Beseitigung von Parasiten, andererseits als Hilfe bei der Fortpflanzung, denn erst durch die Hitze können die harten Samenschalen des Baums aufplatzen.

Für Kräutersammler Entweder verbinden Sie das Sammeln dieser Kräuter mit einer Weltreise, die Sie schon immer machen wollten. Oder Sie sammeln nur Melisse (links) und kaufen die anderen Kräuter im Bio-Supermarkt oder der Apotheke. Und bitte beachten Sie: Melisse ist nicht frostresistent.

AYURVEDISCHER TEE

Ayurveda, die »Wissenschaft vom Leben«, ist heute aktueller denn je und liegt voll im Trend. Sie transportiert traditionelle indische Lebensphilosophie aus einer vergangenen Zeit in die Teetassen der Gegenwart. Die ayurvedische Lehre bemüht sich darum, die Einheit von Körper, Geist und Seele zu stärken, indem die »Doshas« – die drei verschiedenen Lebensenergien Vata, Pitta und Kapha – ins Gleichgewicht gebracht werden. Viel Wissenswertes hierzu erfahren Sie unter meine-teemischung.de/ayurveda.

Zutaten 50 g Korianderfrüchte | 50 g Galgantwurzel | 50 g Kardamomfrüchte | 50 g Rosmarinblätter | 10 g Muskatnuss

Zubereitung Verfeinern Sie diese Grundmischung je nach Belieben mit Ingwer, Zimt, Fenchel, Orangenschalen, Süßholz oder Anis. Sie können nichts falsch machen, experimentieren Sie einfach ein bisschen! Die genannten Kräuter stärken das Kapha und die Seele. 3 bis 4 gehäufte Esslöffel der Mischung mit 750 bis 1000 Milliliter kochendem Wasser übergießen, 5 bis 10 Minuten ziehen lassen, abseihen und über den Tag verteilt trinken.

Wussten Sie schon?

Muskatnuss kann Halluzinationen auslösen. In den üblicherweise als Gewürz verwendeten Mengen kommt es aber nicht zu halluzinogenen Erscheinungen, hierfür sind deutlich höhere Dosen erforderlich. Da in diesen Dosierungen aber schnell ein starker Brechreiz auftritt, spielt ein Missbrauch von Muskatnuss als Droge nur eine ausgesprochen geringe Rolle.

Für Kräutersammler Rosmarin (links) ist eine mehrjährige, leider nicht ganz winterharte Pflanze. Aus diesem Grund sollten Sie Rosmarinstöcke im Winter frostfrei stellen. Zwischen März und Mai blüht er hellblau, in warmen Sommern sogar bis in den September hinein. Am besten ernten Sie Rosmarin kurz vor der Blüte, denn dann enthält er am meisten seines wertvollen ätherischen Öls, das für Geschmack und Wirkung bestimmend ist.

GESUNDHEITSTEES

Für fast jedes körperliche Leiden – sei es bei Husten, Magen-Darm-Beschwerden, Blasenentzündungen oder zur Entgiftung und Vitalisierung – gibt es eine heilwirksame Teemischung, die Ihnen auch ohne chemische Arzneimittel schnell wieder auf die Beine hilft. Vertrauen Sie der Kraft von Mutter Natur!

ENTGIFTUNGSTEE

»Woher weiß ich, ob ich entgiften muss?« ist eine häufig gestellte Frage in unserer Apotheke. Entgiftungen führen erfahrungsgemäß recht schnell zu mehr Wohlbefinden, obwohl wir davor natürlich nicht direkt »vergiftet« sind. Aber eine Belastung mit Schlacken, Abfall- oder Abbauprodukten führt nicht selten zu Unwohlsein, Müdigkeit, Mattigkeit oder Appetitlosigkeit, um nur die wichtigsten Anzeichen zu nennen. Die Leber, die Nieren, der Magen-Darm-Trakt, die Haut – unsere vier zentralen Entgiftungsorgane haben einen entscheidenden Einfluss darauf, wie wir uns fühlen.

Zutaten 75 g Löwenzahnwurzel mit Kraut (frisch: ca. 150 g) | 75 g Labkraut | 75 g Krauseminze | 50 g Goldrutenkraut | 30 g Bittersüßstängel

Zubereitung 3 bis 4 gehäufte Esslöffel der Mischung mit 750 bis 1000 Milliliter kochendem Wasser übergießen und 10 bis 15 Minuten zugedeckt ziehen lassen. Abseihen. Den Tee in der Thermoskanne aufbewahren und über den Tag verteilt trinken. Für Entgiftungen und Entsäuerungen gilt immer: am besten mindestens vierwöchig als Kur anwenden, um gute Effekte zu erzielen.

Wussten Sie schon?

Der Tee aus den sogenannten Bittersüßstängeln wird volkstümlich auch als Blutreinigungstee bezeichnet, was die Wirkung recht anschaulich beschreibt.

Für Kräutersammler Löwenzahn (links) bietet sich hier zum Sammeln an, da er den großen Vorteil hat, das ganze Jahr über frisch geerntet werden zu können. Nehmen Sie entweder nur die Blätter (was einfacher ist) oder graben Sie gleich die ganze Pflanze aus. Waschen Sie die Wurzel sorgfältig ab und trocknen Sie sie etwa einen Tag lang. Wenn der Löwenzahn ein wenig länger trocknet, macht das nichts aus; nach dem Trocknen klein schneiden und der Teemischung beimengen. Löwenzahn ist eine wunderbare Pflanze, weil sie die Gallenblase und damit die Ausleitung der Leber unterstützen kann.

ENTSÄUERUNGSTEE

Süßes, Fettes, Kaffee – oft sind es gerade die schmackhaftesten Dinge, die unseren Organismus übersäuern. Und Übersäuerung tut dem Körper auf Dauer nicht gut: Schmerzhafte Entzündungen der Gelenke etwa finden meist in einer eher sauren Umgebung statt. Häufig werde ich gefragt, welche Nahrungsmittel sauer und welche basisch sind, denn oft herrscht noch der Irrglaube vor, dass sauer schmeckende Früchte wie Zitronen oder Orangen den Körper übersäuern. Käse als Milchprodukt dagegen halten viele für basisch. Hätten Sie da gedacht, dass beispielsweise Parmesan zu den sauersten Lebensmitteln überhaupt zählt? Ausgesprochen basische Lebensmittel sind dagegen Petersilie, getrocknete Feigen, Rosinen und Spinat. Diese »vier Musketiere« und der nachfolgende Tee sind eine einfache und schmackhafte Möglichkeit, Ihren Körper zu entsäuern.

Zutaten 100 g Fenchelfrüchte | 100 g Kümmelfrüchte | 100 g Anisfrüchte | 60 g Süßholzwurzel | 40 g Goldmelisse

Zubereitung 3 bis 4 gehäufte Esslöffel der Mischung mit 750 bis 1000 Milliliter kochendem Wasser übergießen und 10 bis 15 Minuten zugedeckt ziehen lassen. Abseihen und über den Tag verteilt trinken. Für Entgiftungen und Entsäuerungen gilt übrigens immer: am besten mindestens vierwöchig als Kur anwenden, um gute Effekte zu erzielen.

Wussten Sie schon?

Da die wirksamen ätherischen Öle aus Fenchel, Kümmel und Anis nur schwer austreten, wenn man die ganzen Früchte überbrüht, kann man den Tee vorher auch in einem Mörser anreiben. Die Öle können so viel leichter durch die aufgeraute Schale austreten, der Geschmack wird dadurch besser und die Wirkung intensiver.

Für Kräutersammler Goldmelisse (links) ist winterhart und als Staude sehr langlebig. Sie hat wunderschöne Blüten und kann im Garten oder auf der Fensterbank kultiviert werden. Eine anspruchslose Pflanze für Auge und Magen!

ENTWÄSSERUNGSTEE

Brennnessel, Schachtelhalm und Birke bilden die Basis, wenn wir in der Welt der Tees nach »wassertreibenden« Pflanzen suchen. Entwässerungstee ist nämlich nicht nur bei Wasseransammlungen in den Beinen zu empfehlen, sondern auch bei Bluthochdruck. Indem das Blutvolumen durch den Wasserentzug sinkt, muss auch das Herz weniger Kraft und Druck aufwenden: Der Blutdruck sinkt! Für alle, die wiederum an niedrigem Blutdruck leiden, ist der Tee daher nicht zu empfehlen.

Zutaten 20 g Spargelwurzel | 30 g Brennnesselblätter | 30 g Goldrutenkraut | 20 g Hibiskusblüten | 40 g Katzenminze

Zubereitung Pro Tasse 2 Teelöffel oder pro Kanne 4 Esslöffel der Mischung mit kochendem Wasser aufgießen und 5 bis 10 Minuten ziehen lassen. Anschließend abseihen. Wer den Tee süßer wünscht, kann ihn mit Honig oder Stevia nachsüßen.

Wussten Sie schon?

Namengebend für die Katzenminze war vor einigen Jahrzehnten die interessante Beobachtung, dass unsere schnurrenden Vierbeiner die Pflanze so sehr lieben, dass sie sich darin rollen, sie sogar fressen und anschließend wie verwirrt umherschwanken. Mancher Hersteller von Katzenartikeln hat sich dies tatsächlich zunutze gemacht und speziell imprägniertes Kunststoffspielzeug entwickelt ... mit dem unwiderstehlichen Duft der Katzenminze!

Für Kräutersammler Spargel, Brennnessel, Goldrute, Hibiskus (rechts) – fast alle hier genannten Pflanzen wachsen auch in unseren Breiten. Einige von Ihnen werden den dekorativ blühenden Hibiskusstrauch im Haus haben, andere bereiten sich im Frühjahr gern Spargel zu. Probieren Sie doch einmal aus, den Tee mit Spargelwasser aufzubrühen. Brennnessel schließlich findet sich frisch am Wegesrand, und Goldrute soll zur Blütezeit gesammelt werden, die von August bis Oktober dauert.

LEBER- UND GALLENTEE

Auf den vorangegangenen Seiten haben Sie bereits unseren Entgiftungs- und Entsäuerungstee kennengelernt. Hier stellen wir Ihnen nun zur Vervollständigung einen Leber-Gallen-Tee vor, der die beiden anderen gut ergänzt. Die Leber bildet unser größtes und wichtigstes Entgiftungsorgan. Alles, was in unseren Körper gelangt, wird irgendwann in der Leber verstoffwechselt; folglich sollten Sie sich von Zeit zu Zeit einer kleinen Kur unterziehen. Wenn Sie die Regeneration der Leber regelmäßig unterstützen, können Sie einem »Verschlacken« Ihres Körpers vorbeugen.

Zutaten 50 g Artischockenblätter | 30 g Brunnenkresse | 30 g Wermutkraut | 50 g Leberblume | 50 g Mariendistelkraut

Zubereitung 2 bis 3 Teelöffel der Mischung mit 200 Milliliter heißem Wasser übergießen und 10 Minuten ziehen lassen. Abseihen. Um einen ausreichenden Effekt erzielen zu können, sollten Sie über vier bis acht Wochen kurartig täglich 2 bis 3 Tassen bzw. 1 Kanne Leber- und Gallentee trinken.

Wussten Sie schon?

Die Blätter der Mariendistel sind an ihrer Oberseite von weißen Schlieren durchzogen. Diese Schlieren rühren einer Legende nach von einem Tropfen Muttermilch der Gottesmutter Maria her.

Für Kräutersammler Brunnenkresse (links) wächst bevorzugt an Bach- und Flussläufen, weil sie höhere Temperaturen etwa im Sommer nur unter ständigem Zuführen von Feuchtigkeit ertragen kann. Die Blätter sind sehr empfindlich und müssen von Hand geerntet werden, was eine industrielle Nutzung sehr aufwendig macht. Geerntet werden kann übrigens von Mai bis September.

BRONCHIALTEE

Dieser Tee ist kein Freund des Hustens und somit ganz auf Ihrer Seite. Er kann dank des enthaltenen Thymians unterstützend bei der Schleimlösung wirken und hat durch die Beigabe von Eibisch einen beruhigenden Effekt auf die Bronchien. Sollte das Trinken des Tees alleine nicht ausreichend sein, können Sie ihn auch mit einem Handtuch über dem Kopf als dampfendes Inhalat verwenden. Die Feuchtigkeit des inhalierten Wasserdampfs verstärkt die Wirkung und beruhigt Ihre strapazierten Schleimhäute.

Zutaten 60 g Thymian | 40 g Spitzwegerich | 30 g Königskerzenblüten | 30 g Eibischblätter | 30 g Grindeliakraut

Zubereitung 2 bis 3 Teelöffel der Mischung mit etwa 200 Milliliter heißem Wasser übergießen und 5 Minuten ziehen lassen. Anschließend abseihen. Am besten decken Sie die Tasse beim Ziehenlassen ab, um zu verhindern, dass die ätherischen Öle des Thymians verdampfen und seine Wirkung so verloren geht.

Wussten Sie schon?

Aus den Inhaltsstoffen des Eibisch wurden in den USA ursprünglich die bekannten Marshmallows hergestellt, genauer gesagt aus den Stängeln, Blättern und Wurzeln der Pflanze. In den Vereinigten Staaten wird sie deshalb auch »Marsh Mallow« genannt, was so viel wie Sumpf-Malve bedeutet.

Für Kräutersammler Spitzwegerich (links) eignet sich hervorragend zum Selbstsammeln. Er ist leicht zu erkennen und wächst im Grunde auf fast jeder Wiese. Trocknen Sie ihn auf einem Rost oder Backblech in einem warmen, dunklen Raum, beispielsweise im Heizungskeller.

MAGEN- UND DARMTEE

Oft schmecken Kräuter für Magen und Darm recht bitter, was durchaus seinen Grund hat. Bitterstoffe in jeglicher Form sind sehr gesund und ein unentbehrlicher Bestandteil, obwohl sie in unserer Ernährung mittlerweile eindeutig zu kurz kommen. Die in unserem Tee enthaltenen Kamillenblüten lindern Magenbeschwerden, Süßholz schützt die Schleimhäute, und die gerbenden Heidelbeeren schmecken auch noch gut.

Zutaten 60 g Süßholzwurzel | 40 g Kamillenblüten | 40 g Schleifenblumenkraut | 50 g Heidelbeeren | 20 g Walnussschalen

Zubereitung 2 bis 3 Teelöffel der Mischung mit etwa 200 Milliliter heißem Wasser übergießen und 5 bis 10 Minuten ziehen lassen. Abseihen. Achtung: Wenn der Tee zu lange zieht, macht die Schleifenblume ihn geschmacklich zu bitter.

Wussten Sie schon?

Schon am Namen kann man den Geschmack der Süßholzpflanze erahnen. Deren Wurzeln schmecken 50-mal süßer als Rohrzucker, wofür die Substanz Glycyrrhizin verantwortlich zeichnet. Aus dem eingedickten Wurzelsaft wird übrigens Lakritze hergestellt.

Für Kräutersammler Kamille (links) wird zwischen Mai und August gesammelt, am besten drei bis fünf Tage nach dem Aufblühen. Gesammelt werden dabei nur die Blütenköpfe, die aber sehr empfindlich sind und daher so wenig wie möglich berührt werden sollten, damit das ätherische Öl nicht austritt. Die Pflanze sollte vor dem Trocknen nicht gewaschen werden. Stellen Sie daher sicher, dass sie frei von Schimmel, Fäulnis und Ungeziefer ist. Trocknen Sie sie zudem gleich nach der Ernte, denn Kamillenblüten sind nicht nur druckempfindlich, sondern reagieren auch sensibel auf Licht und Wärme.

BLASEN- UND NIERENTEE

Sowohl auf der Seite meine-teemischung.de als auch in unserer Apotheke werden die Themen Blase und Nieren eher von Frauen angefragt. Blasenentzündungen bedürfen einer schnellen und konsequenten Therapie, Tees eignen sich hierbei vor allem zur Durchspülung der Harnwege. Denn tote Bakterien und letzte intakte Restbakterien, die das oft verwendete Antibiotikum hinterlässt, müssen den Körper verlassen. Hierfür eignen sich u. a. Brennnessel und Birke, Goldrute wirkt ebenfalls durchspülend. Ich gebe unseren Patienten immer zu bedenken, dass bei Entzündungen der hier angesprochene Ausschwemmeffekt mindestens genauso wichtig ist wie die Wirkung des eingenommenen Antibiotikums.

Zutaten 60 g Goldrute | 60 g Birkenblätter | 40 g Brennnesselblätter | 20 g Petersilienwurzel | 40 g Anattosaat

Zubereitung 2 bis 3 Teelöffel der Mischung mit etwa 200 Milliliter heißem Wasser übergießen und 10 Minuten ziehen lassen. Abseihen. Im Akutfall mindestens 1,5 bis 2 Liter Tee pro Tag trinken.

Wussten Sie schon?

Petersilie dient nicht nur als Gewürz, sondern hat auch eine Heilwirkung auf die weiblichen Geschlechtsorgane. Doch Vorsicht ist geboten! In hohen Dosen nämlich kann sie bei Schwangeren auch Wehen auslösen. Aus diesem Grund wurde sie früher auch als Abtreibungsmittel eingesetzt und sollte in der Schwangerschaft gemieden werden.

Für Kräutersammler Junge Birkenblätter (rechts) können Sie schon im Frühling ernten, wobei die kleinen, noch etwas klebrigen Blätter einfach von den Ästen abgestreift werden. Sie wachsen zu diesem Zeitpunkt noch nach und können auf diese Weise sogar ein zweites Mal geerntet werden.

HIRNTEE

»Das Gehirn ist nicht nur ein Gefäß, das gefüllt werden muss, sondern auch ein Feuer, das gezündet werden will.« Der griechische Schriftsteller Plutarch brachte damit etwas ganz Entscheidendes zum Ausdruck. Beim »Zünden« hilft Ihnen nachfolgender Tee.

Zutaten 20 g Weiße Ginsengwurzel | 30 g Ginkgoblätter | 30 g Heublumen | 50 g Bischofs-krautsamen | 50 g Hirnkraut (= Basilikum)

Zubereitung 2 bis 3 Teelöffel der Mischung mit 200 Milliliter heißem Wasser übergießen und 5 bis 7 Minuten ziehen lassen. Abseihen. Trinken Sie diesen Tee über den Tag verteilt, aber nicht zu spät abends. Sonst dreht sich nachts in Ihrem Kopf ein Gedankenkarussell.

Wussten Sie schon?

Der Dichter Johann Wolfgang von Goethe ließ dem Ginkgobaum zusätzlichen Ruhm zu-teil werden: In einem seiner Marianne von Willemer gewidmeten Gedichte erwähnte er diesen besonderen Baum und nannte ihn ein »Abbild der Freundschaft«.

Für Kräutersammler Nur geringfügige Ansprüche stellt der Ginkgobaum (links) an seinen Standort, lediglich zu trocken oder zu feucht sollte es nicht sein. Er war früher nur in China beheimatet, wird inzwischen aufgrund seiner Robustheit aber weltweit angepflanzt. Einziger Nachteil: der langsame Wuchs, denn bis zum Keimen eines Samens können zwei Jahre vergehen. Gesammelt werden ausschließlich die prägnanten zweigeteilten Blätter der Pflanze, die in vielen Parkanlagen und Alleen angepflanzt wurde. Als zweites »Kraut« zum Sammeln für die Eifrigen unter Ihnen wäre Basilikum zu nennen. Ihm ist es wichtig, sonnig und warm zu stehen, »nasse Füße« dagegen mag es nicht, zu trocken sollte es aber auch nicht sein. Wenn Sie seine Blätter ern-ten wollen, zupfen Sie diese auf keinen Fall vom Stängel, sondern schneiden den ganzen Trieb 1 Zentimeter oberhalb der Erde ab. Nur dann kann die Pflanze nachtreiben.

VITALISIERUNGSTEE

Der durchaus trendige Begriff »Vitalisierung« wirkt im ersten Moment etwas vage und diffus. Ich persönlich kann mir am besten vorstellen, was damit gemeint ist, wenn ich an ein skaliertes Gefäß denke, das von 0 (Kraftlosigkeit) bis 10 (voller Lebenskraft) mit Flüssigkeit gefüllt werden kann. In unserem Körper leert und füllt sich dieses Gefäß immerzu, und wir suchen nach Oasen, um auch außerhalb der regenerierenden Urlaubszeit den Pegel steigen lassen zu können. Dieser Tee kann dabei helfen.

Zutaten 30 g Weiße Ginsengwurzel | 50 g Weißer Tee | 100 g Zitronenschalen oder Orangenschalen | 20 g Ingwerwurzel | 30 g Yohimberinde

Zubereitung Pro Tasse 2 Teelöffel oder pro Kanne 4 Esslöffel der Mischung mit heißem Wasser übergießen und 10 bis 15 Minuten ziehen lassen. Abseihen. Süßen können Sie den Tee mit Honig oder Stevia, dem pflanzlichen Zuckerersatz.

Wussten Sie schon?

Kennen Sie den Unterschied zwischen grünem, schwarzem und weißem Tee? Bei grünem Tee wird im Zuge der Verarbeitung auf eine Fermentation der Blätter verzichtet, im Gegensatz zu schwarzem Tee. Generell vollzieht sich der Prozess der Fermentation auf natürlichem Wege durch den einsetzenden Prozess des Welkens, doch beim Ernten und Trocknen muss er aktiv eingeleitet werden. Weißer Tee schließlich wird von einem hellen (weißen), seidigen Flaum überzogen, daher der Name.

Für Kräutersammler Ingwerwurzel sowie Zitronen- und Orangenschalen können frisch oder getrocknet verwendet werden. Viele denken, der bekannte Geschmack einer Zitrone (rechts) oder Orange stamme vom Fruchtfleisch; doch eigentlich enthalten nur die Schalen und Blüten das ätherische Öl, das so aromatisch duftet und schmeckt. Mit einem Gemüseschäler oder einer Reibe können Sie die Schale frisch in den Tee raspeln.

STOFFWECHSELTEE

Dieser Tee soll den Stoffwechsel sanft anregen. Viele unserer teetrinkenden Kunden auf meine-teemischung.de wissen von ihrem langsamen Stoffwechsel, andere glauben es zu wissen und manche (gerade unter uns Männern) schieben ein paar überschüssige Pfunde gern auf ihren Stoffwechsel anstatt auf zu üppige Mahlzeiten. Zum Ankurbeln des Stoffwechsels, beispielsweise nach einem kalten Plätzchen-und-Couch-Winter, möchten wir Ihnen nachfolgende Mischung ans Herz legen.

––––––––––––

Zutaten 20 g Meerrettichwurzel | 20 g Javanische Gelbwurz | 30 g Mateblätter | 30 g Mariendistelkraut | 50 g Löwenzahnwurzel mit Kraut

Zubereitung Pro Tasse 2 Teelöffel oder pro Kanne 3 bis 4 Esslöffel der Mischung mit kochendem Wasser übergießen. Lassen Sie den Tee so lange ziehen, bis die Schärfe der Meerrettichwurzel für Sie angenehm ist. Wenn der Tee nicht wohlschmeckend genug sein sollte, mischen Sie ihn bitte einfach mit etwas Saft oder süßen Sie ihn mit etwas Honig oder Stevia.

Wussten Sie schon?

In Argentinien trinken etwa 80 Prozent der Bevölkerung mindestens einmal pro Woche Mateblättertee, pro Jahr beträgt der Konsum beachtliche 6,4 Kilogramm pro Kopf.

Für Kräutersammler Sowohl Löwenzahn als auch Meerrettichwurzel eignen sich als frische Beigabe. Meerrettich (links) lässt sich leicht im Beet ziehen und hat von September bis Weihnachten Saison. Löwenzahn wächst fast überall und wird nicht verwechselt. Die Pflanze eignet sich damit sehr gut zum Selbstsammeln (siehe Foto S. 42).

WÜRZIGER WURZELTEE

Mit Alliterationen hat man es hier ziemlich leicht: »Wild-würzige Wald-&-Wiesenwurzeln weltweit«. So oder so ähnlich könnte man diesen Tee auch nennen. Ein Hemmschuh bei Wurzeln bleibt jedoch, dass sie oftmals schwerer zu erkennen, zu ernten und zu reinigen sind. Auf der anderen Seite sind Wurzeln meist am wertvollsten, was den Gehalt an wohltuenden Wirkstoffen betrifft, weil sie das zentrale Organ des Pflanzenorganismus bilden. Bei der Zubereitung muss der Härte vieler Wurzeln Rechnung getragen werden; deshalb wird zunächst die oft holzige Struktur ein wenig aufgeweicht, damit die Inhaltsstoffe leichter austreten können. Nichts für Ungeduldige also, denn 20 Minuten sollten es schon sein oder noch besser ein Ansatz über Nacht.

Zutaten 40 g Bärwurz | 40 g Bertramwurzel | 10 g Ingwerwurzel | 30 g Weiße Ginsengwurzel | 30 g Wilde Möhre

Zubereitung 2 bis 3 Teelöffel der Mischung mit 200 Milliliter Wasser übergießen und über Nacht zugedeckt stehen lassen. Am nächsten Tag vor dem Trinken kurz erwärmen.

Wussten Sie schon?

Die meisten Menschen wissen, dass es zwei Arten des Ginsengs gibt, nämlich weißen und roten. Doch was genau ist der Unterschied? Weißer Ginseng wird nach dem Ernten meist geschält, roter dagegen ungeschält mit Wasserdampf behandelt. Anschließend werden beide getrocknet.

Für Kräutersammler Bärwurz (links) wird im Herbst gesammelt, man findet sie am ehesten auf Wiesen in den Alpen oder Voralpen. Also verbinden Sie einen herbstlichen Ausflug in die Berge am besten gleich mit Ihrer Sammellust. Nach einem leckeren Bärwurzschnaps, einer weiteren Zubereitungsart der Bärwurz, lässt sich der Abstieg von der Berghütte mit frischer, selbst gepflückter Bärwurz im Gepäck beschwingt angehen.

BITTERER KRÄUTERTEE

Bitterstoffe wurden im Laufe der Jahre aus unseren Lebensmitteln herausgezüchtet, um Obst und Gemüse schmackhafter zu machen. Erinnern Sie sich daran, wie Rosenkohl in Ihrer Kindheit schmeckte? Oder Grapefruit und Chicorée? Bitterer! Sieht man einmal von Bier, Kaffee und einigen wenigen Spirituosen wie Campari ab, sind bittere Lebensmittel fast gänzlich von unserem Speiseplan verschwunden – mit, im wahrsten Sinne des Wortes, bitteren Folgen für Ihre Gesundheit. Denn Sodbrennen, Darmträgheit, Unwohlsein und Vitalitätsverlust resultieren in vielen Fällen unter anderem aus einem Mangel an Bitterstoffen. Machen Sie Ihr Leben wieder bitterer und sich auf diese Weise fröhlicher!

Zutaten 20 g Wermutkraut | 40 g Beifußkraut | 10 g Bitterklee | 30 g Bittere Kreuzblume | 40 g Odermennigkraut

Zubereitung 2 bis 3 Teelöffel der Mischung mit 200 Milliliter heißem Wasser übergießen und 3 bis 7 Minuten ziehen lassen. Abseihen. Alle enthaltenen Bestandteile beinhalten mehr oder weniger viele Bitterstoffe.

Wussten Sie schon?

Laut Erzählungen haben sich die schwer arbeitenden Handwerker früher die schmerzenden Füße mit Beifußkraut umwickelt. Dies belebte die Füße einerseits und linderte andererseits die Schmerzen. Anschließend zogen sie von Wirtshaus zu Wirtshaus und boten das benutzte Beifußkraut erfolgreich als schmackhaftes Gewürz an. Guten Appetit, möchte man etwas ironisch anmerken.

Für Kräutersammler Vom Wermut (rechts) verwendet man das Kraut, am besten bis Ende August gesammelt. Wermut findet sich vielerorts: an Wegrändern, auf Wiesen, in kleinen Mulden und Gräben. Generell bevorzugt er etwas trockenere Regionen.

NACHWORT

Von meinem Vater habe ich vor allem eines vererbt bekommen: seine Sammelleidenschaft!

Das ganze Jahr über schweife ich auf der Suche nach seltenen Kräutern umher. Vornehmlich auf unserem Kontinent, da ich fest glaube, dass für uns Europäer heimische Kräuter am besten geeignet sind. Wenn ich wieder einmal fündig geworden bin, dann fällt dieses Kraut unwiderruflich meiner Sammelwut zum Opfer. Ich gebe gern zu, dass dieser Prozess bei einem seltenen Pyrenäen-Kraut oder einer Tundra-Blume nicht mehr in der Natur stattfindet, sondern sich als Suche bei einem kleinen Händler, einer Krätergärtnerei oder einem etablierten Großhandel gestaltet.

In der sogenannten Kräuterkammer unserer Apotheke genieße ich morgens beim Einschalten des Lichts den würzigen Duft von Hunderten Tees und mache kurz die Augen zu. Vielleicht würden Sie diesen Duft mit »Heustadel« titulieren; für mich persönlich schwingen ungeheuer viele einzelne Düfte mit, und jeden Tag scheint in diesem »Nasenschmaus« eine andere Nuance herauszustechen.

Ich weiß nicht, ob ich als Apotheker im Ärztehaus zufrieden wäre, wo man sich oft vornehmlich den chemischen Arzneimitteln widmen muss. Ich brauche meine Wurzeln und Blüten,

dort fühle ich mich rundum wohl. Sie glauben gar nicht, wie viele Fragen einem tagein, tagaus begegnen, wie viele Menschen hoffnungsvoll bis euphorisch in unsere Apotheke drängen. Auch wenn ich Hoffnungen manchmal dämpfen, Euphorie bremsen und Patienten enttäuschen muss, macht es vielleicht genau diese Vielfältigkeit aus, dass ich meine Arbeit hier immer als ausgesprochen abwechslungsreich beschreiben würde und nie sagen kann, ich wüsste auch nur annähernd alles.

Wie Sie in diesem Buch gelesen haben, können viele Kräuter gesammelt werden. An zahlreichen Orten in Deutschland finden Kräuterwanderungen statt, um sich das dafür nötige Know-how anzueignen, und auch wir führen Interessierte im Augsburger Raum durch die heimische Flora. Wenn Sie sich damit beschäftigen möchten, sollten Sie vorher wissen, was Sie bezwecken wollen, denn Kräuterwanderung ist nicht gleich Kräuterwanderung. Grob unterteilen könnte man die Interessierten in drei Gruppen:

Die erste Gruppe der sogenannten Botaniker ist vor allem auf die Erkennungsmerkmale der Pflanzen und die Zusammenhänge in den Pflanzenfamilien spezialisiert, um Pflanzen unterscheiden und zuordnen zu können. Daneben gibt es die Heilkräuterführer, die sich genauestens auskennen mit der Heilkraft der einzelnen Kräuter. Oft führen sie durch Apotheker- oder Klostergärten, manchmal leben sie sogar als Mönche und Nonnen dort und tradieren ein jahrhundertealtes Wissen. Die dritte Gruppe stellen die kulinarischen Kräuterführer dar, die Ihnen das Wissen vermitteln, um Wald- und Wiesensalate selbst sammeln und Gerichte »natürlich« würzen zu können oder um leckere Konfitüren, Liköre und vieles mehr selbst herzustellen. Mit allem, was die Natur uns schenkt, damit es nicht immer nur Erdbeermarmelade sein muss!

Ich persönlich halte mich für eine Mischung aus kulinarischem und heilkundigem Kräuterführer, und hier merken Sie schon, dass die Übergänge durchaus fließend sein können und nicht jeder nur einen Bereich abdeckt. Mein erstes eindrückliches Erlebnis, das in mir den Funken für dieses Interesse entfachte, war eine pittoreske Idylle in Form einer kunterbunt blühenden

Sommerwiese, eingerahmt von einem holzbeplankten Weidezaun, die so üppig im Sommerlicht dalag, dass es eine Freude war. Ein Freund brachte mir an diesem Tag näher, was das dort wachsende Wiesenschaumkraut, die Wilde Möhre, der Löwenzahn und das Gänseblümchen im Salat zu suchen haben.

Diese Sammelleidenschaft packt einen auch bei Teekräutern, selbst wenn diese meist nicht frisch auf den Tisch kommen, sondern vor der Zubereitung getrocknet werden. Dafür können sie aber auch – im Gegensatz zum Wiesensalat – den ganzen Winter über gelagert werden. Einige Bekannte sammeln im Sommer und Herbst so viel von ihren Lieblingskräutern, dass sie den ganzen Winter Tag für Tag eine Kanne Tee daraus zubereiten können. Das hält nicht

Nichts weckt die Sammelleidenschaft mehr als eine bunt blühende Sommerwiese! Mutter Natur hält viele Heilpflanzen für uns bereit.

nur gesund, sondern führt auch zu einer fantastischen CO_2-Bilanz.

Doch leider lernten wir letztes Jahr auch schon die Kehrseite der Medaille kennen, als einer unserer Apotheker – in Augsburg bekannt für seine Pilzkenntnisse – ins hiesige Krankenhaus gerufen wurde. Ein junger Mann lag in der Notaufnahme, sein selbst zubereiteter Pilzeintopf hätte beinahe fatale Folgen gehabt. Gerade bei Pilzen ist die Vergiftungsgefahr jedem bekannt, aber auch Beeren und Blätter sind in etlichen Fällen nicht nur ungenießbar, sondern lebensgefährlich.

Wenn Sie sich nicht sicher sind, wie die Kräuter am besten getrocknet werden, hilft Ihnen Ihr Apotheker gerne weiter.

Dagegen ist von manchen Pflanzen die Giftigkeit nur in einem bestimmten Zustand gegeben. Sie kennen alle die Kartoffel, die ungekocht giftig ist. Aber wussten Sie, dass die landläufig als Vogelbeeren bekannten und für giftig gehaltenen Früchte der Eberesche als Marmelade oder Likör eine Delikatesse sind?

Angehende Wildpflanzenköche und Wildpflanzenteetrinker sollten sich also immer gut informieren und die eine oder andere Pflanze lieber kaufen, anstatt sie zu sammeln und vielleicht noch falsch zuzubereiten. Sicher ist sicher! Bei anstehenden Fragen hilft Ihnen Ihr Apotheker oder Kräuterkundige vor Ort bestimmt gern weiter.

Alle Teemischungen in diesem Buch erhalten Sie auch unter meine-teemischung.de. Wenn Sie eher ein »Trinker« als ein Sammler sind, bekommen Sie hier auch alle Einzelbestandteile, damit Sie immer entscheiden können, wie viele der beschriebenen Kräuter Ihrem Sammeleifer letztlich zum Opfer fallen sollen. Wenn Sie einen Bildungsurlaub in Bayern planen oder sogar vor Ort wohnen: Unsere Hofapotheke St. Afra in Augsburg lädt Sie hiermit gern zu den hiesigen Kräuterwanderungen und Vorträgen ein. Alle Termine hierzu finden Sie auf unserer Homepage.

Ihr
Apotheker Tobias Müller

REGISTER

Rezeptregister

5-Kontinente-Tee 36

Ayurvedischer Tee 38

Bitterer Kräutertee 59
Blasen- und Nierentee 51
Bronchialtee 48
Bunter Blütentee 18

Chai-Tee 35

Entgiftungstee 42
Entsäuerungstee 44
Entspannungstee 14

Entwässerungstee 45

Familientee 30
Frauentee 29
Frischer Früchtetee 16
Frühlingstee 21
Fünferlei Minzmilch 19

Gute-Laune-Tee 34
Guten-Abend-Tee 32
Guten-Morgen-Tee 31

Herbsttee 24

Hirntee 52

Leber- und Gallentee 46

Magen- und Darmtee 50
Männertee 26

Sommertee 22
Stoffwechseltee 56

Vitalisierungstee 55

Wintertee 25
Würziger Wurzeltee 58

Zutatenregister

Anis 35, 38, 44

Beifußkraut 59
Bittersüßstängel 42

Damianablätter 21

Eibischblätter 48
Eukalyptusblätter 36

Fenchelfrüchte 35, 38, 44

Ginkgoblätter 52

Heidelbeeren 16, 50
Himbeerblätter 30

Hopfenzapfen 14

Katzenminze 19, 45
Kornblumenblüten 18, 31
Kümmel 6, 44

Mannstreukraut 26
Mariendistelkraut 46, 56
Mateblätter 21, 31, 36, 56
Melissenblätter 14, 32, 36
Muskatnuss 38

Nelken(knospen) 25

Petersilie(nwurzel) 44, 51

Pfingstrosenblüten 18

Sauerdornbeeren 22
Stiefmütterchen 24
Süßholz(wurzel) 38, 44, 50

Wasserminze 19
Weiße Ginsengwurzel 52, 55, 58
Weißer Tee 55

Yamswurzel 29

Zitronenmelisse siehe
  Melissenblätter
Zitronenverbene 34

ÜBER DIESES BUCH

Hinweis

Die Ratschläge/Informationen in diesem Buch sind von Autoren und Verlag sorgfältig erwogen und geprüft, dennoch kann eine Garantie nicht übernommen werden. Eine Haftung der Autoren bzw. des Verlags und seiner Beauftragten für Personen-, Sach- und Vermögensschäden ist ausgeschlossen.

Impressum

© 2013 by Südwest Verlag, einem Unternehmen der Verlagsgruppe Random House GmbH, 81637 München. Die Verwertung der Texte und Bilder, auch auszugsweise, ist ohne Zustimmung des Verlags urheberrechtswidrig und strafbar. Dies gilt auch für Vervielfältigungen, Übersetzungen, Mikroverfilmung und für die Verarbeitung mit elektronischen Systemen.

Bildnachweis

Fotografie und Styling Maja Smend, London
Foodstyling Kim Morphew, London
mit Ausnahme von: Fotolia: 22 (Axel Gutjahr), 24 (UbjsP), 25 (Andrea Wilhelm), 29 (M. Schuppich), 32 (pholidito), 42 (diligent), 46 (Alois), 52 (macroart), 59 (womue), 62 (nmelnychuk); Haggenmüller, Michael: 65; iStockphoto: Vor- und Nachsatz (aromanta), 7 (Vasiliy Yakobchuk), 8 (hsvrs), 11 (Angela Kohlschmitt), 16 (R.V. Bulck), 26 (Martin Muránsky), 30 (schulzie), 31 (Willi Schmitz), 34 (hazel proudlove), 38 (Ursula Alter), 44 (Bambi Golombisky), 45 (Bart Sadowski), 50 (PK-Photos), 51 (Anatol Adutskevich), 58 (BasieB), 61 (fotolinchen); jump fotoagentur: 4 (Kristiane Vey); Panther Media: 14 (Anna Reinert); PharmaWiki, www.pharmawiki.ch: 48; Pitopia: 19 (emer), 21 (Heike Rau), 35 (Anna Reinert), 36 (Norman Zellmer); Shutterstock: 18 (LianeM), 55 (Paul Cowan); Wikimedia: 56 (Pethan)

Redaktionsleitung Susanne Kirstein
Projektleitung Sonia Gembus
Layout, Gesamtproducing
Grafikdesign Hansen – Jan-Dirk Hansen, München
Redaktion Dr. Ulrike Kretschmer, München
Bildredaktion Annette Mayer
Korrektorat Susanne Langer
Umschlag- und Verpackungsgestaltung, Sourcing
Norbert Pautner, Berlin
Reproduktion Artilitho snc, Lavis (Trento)
Druck und Verarbeitung
Anpak Printing Ltd., Hongkong

Printed in China

Verlagsgruppe Random House FSC® N001967

Das für diesen Titel verwendete Papier ist FSC®-zertifiziert.

ISBN 978-3-517-08967-6
817 2635 4453 6271

ÜBER DIE AUTOREN

Tobias Müller ist Apotheker und Inhaber der Hofapotheke St. Afra am Dom in Augsburg, die seit 450 Jahren Erfahrung im Umgang mit Kräutern und Naturheilkunde hat. 2009 gründete er die erfolgreiche Online-Teemischplattform www.meine-teemischung.de. Er leitet zudem Kräuterwanderungen zum Thema »Wald- und Wiesenkräuter – essbar und heilsam«.

Anja Grambihler ist Apothekerin mit Zusatzqualifikation für Homöopathie und Naturheilverfahren. Sie ist zudem Prüferin an der PTA-Schule Augsburg und leitet Führungen durch den Apothekergarten des Botanischen Gartens in Augsburg.